# POURQUOI L'EAU EN VAUT LA PEINE

Écrit par Lori Harrisonn
Illustré par Jon Harrison
Illustration de la couverture et concept par 522 Productions
Traductions de: TransPerfect et Ludiwine Clouzot, PhD

Publié et distribué par la Water Environment Federation en 2019.

ISBN: 978-1-57278-366-9
Imprimé aux États-Unis

Pourquoi l'eau en vau

# De petites mains, de GRANDS héros.

Le présent ouvrage est dédié à la prochaine génération de protecteurs de l'eau.

Illustration d'un Héros de l'eau par Penelope, 7 ans.

Voici une histoire sur l'eau et ses bienfaits importants.

Elle crée la vie et soutient les êtres vivants.

L'eau propre nous garde en forme et en santé.

Nous avons tous besoin de facilement y accéder.

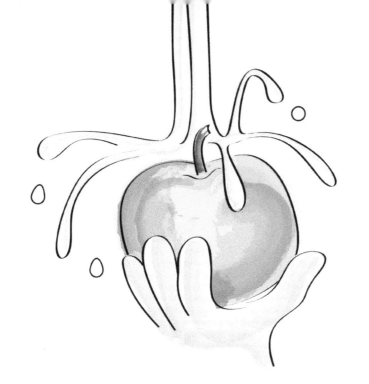

Nous en avons besoin pour nettoyer, boire et manger.

Elle nous aide à penser, à travailler et à jouer.

Le besoin en eau propre est difficile à ignorer.

Elle a sauvé bien des vies et
peut continuer d'en sauver.

Elle mérite notre respect. Nous avons beaucoup à faire...

pour prendre soin de l'eau et de l'environnement.

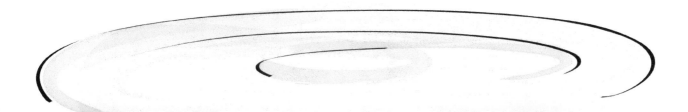

Qui y travaille? Comment ça fonctionne?

Comment fournir de l'eau
propre aux personnes?

Avec un réseau précieux qui fonctionne en continu.

Il est souvent oublié, invisible et mal connu.

Ce système est vaste, en surface et souterrain.

Il a besoin de notre aide pour fonctionner au quotidien.

Des gens passionnés qui adorent ce qu'ils font...

travaillent à purifier l'eau pour moi et pour toi.

Ils la font circuler avec des usines, des pompes et des tuyaux...

avec différents types de filtres et conduits.

Nous faisons tous partie de ce cycle
et nous en dépendons.

Nous sommes tous concernés et nous faisons partie de cette équipe.

Nous utilisons tous l'eau...

et nous la salissons aussi.

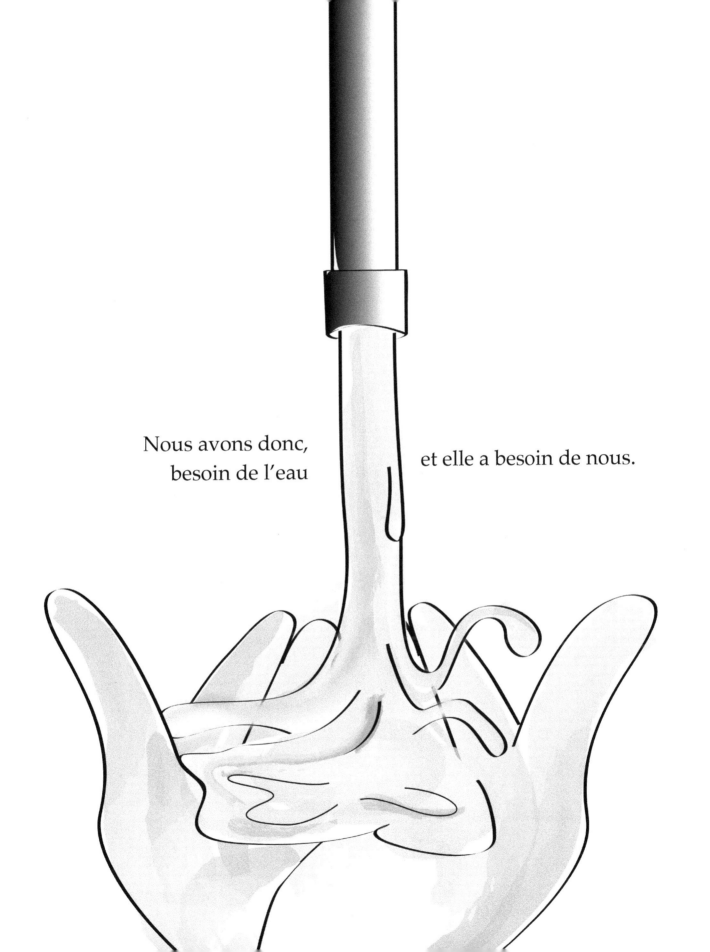

Nous avons donc,
besoin de l'eau

et elle a besoin de nous.

En fin de compte, quand on y pense bien...

Un tout petit peu d'effort permet d'aller loin.

Et pour l'avenir? Que pouvons-nous faire...

pour gérer l'eau et la faire durer?

L'innovation et la technologie nous sauveront!

Nous devons recycler l'eau et éviter la pollution!

Nos actions, petites et grandes, ont un impact.

Nous devons faire notre part, pour le bien de tous.

L'importance de tout cela est certaine.

C'est pourquoi j'espère...

que pour toi, l'eau en vaut la peine!

# PETITES ACTIONS, **GRAND IMPACT**
## Quelques petits gestes qui aident GRANDEMENT!

**Seules trois choses peuvent être jetées dans les toilettes.** Tout ce qui disparaît dans un tuyau ou un conduit pluvial aboutit dans ton installation de récupération des eaux locale ou ta plan d'eau locale. Limite ce que tu jettes dans les toilettes au papier hygiénique, à l'urine et aux matières fécales... et élimine le reste de façon responsable ou recycle-le.

**Lis** la facture de services d'eau courante ou d'égout de ta maison avec tes parents et mets toute ta famille au défi de réduire leur consommation d'eau. Ta communauté et ta planète t'en seront reconnaissantes!

**Ferme** le robinet quand tu brosses tes dents.

**Règle une minuterie et essaie de limiter tes douches à cinq minutes.** Il faut 136 litres (36 gallons) d'eau pour remplir une baignoire de taille moyenne. En prenant plutôt des douches de cinq minutes, tu peux économiser deux fois plus d'eau!

**Trouve la fuite.** Une toilette qui fuit gaspille environ 760 litres (200 gallons) d'eau par jour. Demande à un adulte de t'aider à verser une goutte de colorant alimentaire dans le réservoir de ta toilette. Si la couleur apparaît dans le bol sans que tu aies tiré la chasse d'eau, ta toilette a une fuite!

**Installe un baril** et utilise l'eau qui s'y accumule pour arroser ton jardin.

**Ramasse les besoins de ton animal de compagnie!** Jette-les ensuite à la poubelle.

**Développe tes connaissances.** Consulte des ressources en ligne, rends-toi à la bibliothèque ou demande à un adulte de t'emmener visiter une installation locale où apprendre comment l'eau, les eaux usées et les eaux pluviales y sont gérées.

**Participe** aux activités de nettoyage de ta communauté, aux événements environnementaux ou aux journées de sensibilisation à la conservation de l'eau.

**Réutilise au lieu de jeter.** Échange tes produits en plastique et en papier à usage unique pour des produits réutilisables comme des bouteilles d'eau et des pailles en acier inoxydable, des sacs de magasinage en tissu, des emballages en silicone ou en cire d'abeille et des brosses à dents en bambou écologiques.

**Remercie un Héros de l'eau!** Écris une lettre, une carte de vœux ou un courriel à des professionnels de l'eau de ta ville et remercie-les pour le travail important qu'ils font chaque jour pour s'assurer que tu as toujours facilement accès à de l'eau propre et sécuritaire et à des services de traitement des eaux usées!

## TU AS BESOIN DE L'EAU. L'EAU A BESOIN DE TOI.

le savais-tu?

Il n'existe pas d'eau « neuve ». Nous buvons la même eau que celle bue par un T-rex il y a plus de 66 millions d'années.

Les humains peuvent vivre plusieurs semaines sans manger, mais seulement quelques jours sans boire. C'est parce que nos corps sont constitués de 65 % à 70 % d'eau. Même la proportion d'eau de nos os est de 31 %!

La collecte et le traitement de l'eau et des eaux usées sont reconnus comme les façons les plus importantes de protéger la santé publique.

Les Égyptiens ont été les premiers à documenter des méthodes de traitement de l'eau. Ces documents datent de 400 av. J.-C. Ils purifiaient alors l'eau en la faisant bouillir sur un feu, en la réchauffant au soleil ou en y trempant un morceau de métal chauffé.

Dans des installations de récupération d'eau, les professionnels de l'eau utilisent l'innovation et la technologie pour traiter les eaux usées tout en produisant des ressources précieuses comme de l'eau propre, de l'énergie renouvelable, de l'engrais naturel et du carburant.

On a observé des signes de l'existence d'infrastructures d'approvisionnement en eau et de traitement des eaux usées (les tuyaux et les conduits qui font circuler l'eau) il y a plus de 5 000 ans. Ayant 2 500 ans, la Cloaca Maxima de Rome, en Italie, est l'un des plus anciens systèmes de traitement des eaux usées et de collecte des eaux pluviales encore utilisés de nos jours!

Les États-Unis possèdent plus de 1 287 000 kilomètres (800 000 miles) de conduites d'eau et plus de 1 127 000 kilomètres (700 000 miles) de tuyaux d'égout. Bout à bout, ils peuvent faire le tour du monde environ 60 fois!

Jeter autre chose que de l'eau, de l'urine, des matières fécales et du papier hygiénique dans la toilette peut causer de gros problèmes! Des « fatbergs », d'énormes amas de matières grasses, d'aliments et de lingettes, ont déjà bouché et endommagé des égouts. À Londres, en Angleterre, l'un d'entre eux avait la taille d'un autobus... et un autre, celle d'une baleine bleue!

Tout le monde doit apprendre à recycler, à réutiliser et à réduire sa production de déchets. Si nous n'agissons pas maintenant, nous pourrions produire 70 % de déchets de plus qu'à l'heure actuelle et remplir les océans d'objets en plastique dont le poids total dépasserait celui de tous les poissons qui y vivent!

Les infrastructures vertes, comme la chaussée perméable (comme une éponge) les jardins pluviaux permettent un meilleur contrôle des eaux pluviales et soulagent la pression qu'elles exercent sur les systèmes de collecte de l'eau. Elles imitent le cycle naturel de l'eau en recueillant l'eau, en filtrant ses polluants et en réduisant son écoulement dans les océans, les lacs, les fleuves, les rivières et les étangs.

recycler, réutiliser... et réduire

Sources :
La Banque mondiale, « Déchets : quel gâchis 2.0 : un état des lieux mondial de la gestion des déchets ménagers à l'horizon 2050 »
www.sewerhistory.org
www.watersworthit.org/resources
www.wef.org/resources/for-the-public/value-of-water/

### À propos de la Water Environment Federation

La Water Environment Federation (WEF) est une organisation technique et éducative à but non lucratif regroupant plus de 35 000 membres individuels et 75 associations membres représentant des professionnels de la qualité de l'eau dans le monde entier. Depuis 1928, la WEF et ses membres protègent la santé publique et l'environnement. À titre de leaders du secteur mondial des eaux, nous avons pour mission de réseauter les professionnels de l'eau, d'enrichir leur expertise, de sensibiliser les personnes à l'impact et à la valeur de l'eau, et de fournir une plateforme d'innovation pour le secteur des eaux. Pour en savoir plus, visitez le www.wef.org.

## WATER'S WORTH IT

RESPECT EFFORT PASSION HEALTH FUTURE

### À propos de WATER'S WORTH IT®

WATER'S WORTH IT (L'EAU EN VAUT LA PEINE) est une campagne de sensibilisation générale de la Water Environment Federation qui souligne la valeur et l'importance de l'eau propre et de l'infrastructure qui la soutient, le travail crucial des professionnels de l'eau et la nécessité pour tous de protéger l'eau pour les générations actuelles et futures. Vous avez besoin de l'eau. L'eau a besoin de vous. Pour en savoir plus et pour télécharger le message d'intérêt public vidéo Pourquoi l'eau en vaut la peine, rendez-vous sur le www.WatersWorthIt.org.

CPSIA information can be obtained
at www.ICGtesting.com
Printed in the USA
LVHW071038060921
696839LV00002BA/46

9 781572 783669